AF627232

Inhalt

Das gibt es alles zu entdecken!

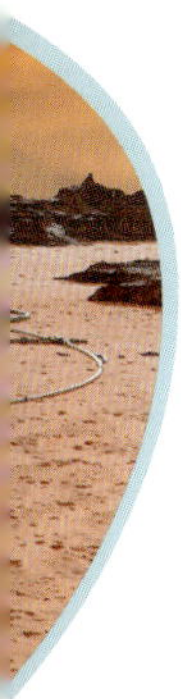

→ Das können wir tun!

Mit einem kleinen Fernrohr kannst du den Mond und die Planeten Venus, Mars, Jupiter und Saturn beobachten.

»Mein Vater erklärt mir jeden Sonntag unseren Nachthimmel.« So kannst du dir die Reihenfolge der acht Planeten im Sonnensystem von innen nach außen merken.

Hier geht's rund!

VIER KLEINE UND VIER GROSSE PLANETEN

Das Sonnensystem ist riesig und der Name sagt schon, wer der Chef ist: Die Sonne ist das größte Objekt im Sonnensystem und steht in dessen Mittelpunkt. Um sie dreht sich alles. Wir unterscheiden Gesteinsplaneten mit einer festen Oberfläche und Gasplaneten mit keiner erkennbaren festen Oberfläche. Merkur, Venus, Erde und Mars sind Gesteinsplaneten. Jupiter, Saturn, Uranus und Neptun sind Gasplaneten.

Auf diesem Bild stehen die Planeten enger zusammen als in Wirklichkeit. Auch ihre Größen im Vergleich zueinander sind nicht richtig dargestellt. Sonst würde alles gar nicht auf diese Seite passen.

Los geht's!

Das Sonnensystem entsteht

Vor 4,6 Milliarden Jahren entstand das Sonnensystem aus einer riesigen Gas- und Staubwolke. Forschende vermuten, dass in der Nähe ein Stern explodierte. So eine Explosion heißt Supernova. Sie löste eine Schockwelle aus, die durch die Wolke lief und sie durchrüttelte. Gas- und Staubteilchen klumpten zusammen.

Und noch viele mehr!

Das Sonnensystem ist nur eines von mindestens 100 Milliarden ähnlichen Systemen in unserer Galaxie, der Milchstraße. Eine Milliarde ist eine Eins, gefolgt von neun Nullen. Galaxien sind riesige Anhäufungen von Sternen mit Planeten, Monden, Asteroiden und Kometen.

Heißer Anfang

Die Wolke verdichtete sich zu einer heißen Gaskugel – der Sonne. Es ist wie bei einer Fahrradpumpe: Drückst du die Luft zusammen, wird sie warm. In der Sonne war es so heiß, dass die Atome zerbrachen. Atome bestehen aus Atomkernen, um die kleine Teilchen schwirren, die Elektronen. In der Mitte der Sonne ist es so heiß und der Druck so hoch, dass die Atomkerne miteinander verschmelzen. Bei dieser Kernfusion wird Energie frei, die wir als Licht und Wärme auf der Erde spüren.

IM STERNBILD STIER ...
... kannst du mit bloßem Auge die Plejaden sehen. Das sind junge Kindersterne.

Immer mehr Klumpen

Ein kleiner Teil des Wolkenmaterials formte sich zu einer flachen Scheibe, die um die Sonne kreiste. Darin klumpten Eis- und Staubteilchen zusammen und bildeten immer größere Brocken. Das waren sogenannte Planetesimale, die Bausteine der Planeten. Nahe der heißen Sonne bestanden sie vor allem aus Gestein und Metall. Die flüchtigeren Gase wurden weiter nach draußen geblasen. Dort, wo es kalt war, gefroren sie zu Eisbrocken.

Endlich – Planeten!

Aus den Planeten-Bausteinen bildeten sich Protoplaneten, das sind Vorstufen von Planeten. Diese zogen weiter Brocken an und wuchsen zu kugelförmigen Planeten heran. In Sonnennähe entstanden die kleineren Gesteinsplaneten. Weiter draußen, wo es kälter war, bildeten sich die Gasriesen. Aber war das Sonnensystem dann so fertig, wie wir es heute kennen? Nein, noch lange nicht. Schau dir mal das Bild rechts an!

TOTALES CHAOS
Im frühen Sonnensystem herrschte ein Gedränge und Gerumpel! Einige Planeten wurden aus dem Sonnensystem geschleudert. Die verbliebenen Planeten wanderten erst mit der Zeit auf ihre heutigen Umlaufbahnen um die Sonne.

Himmelskörper

Planeten, Sterne und mehr

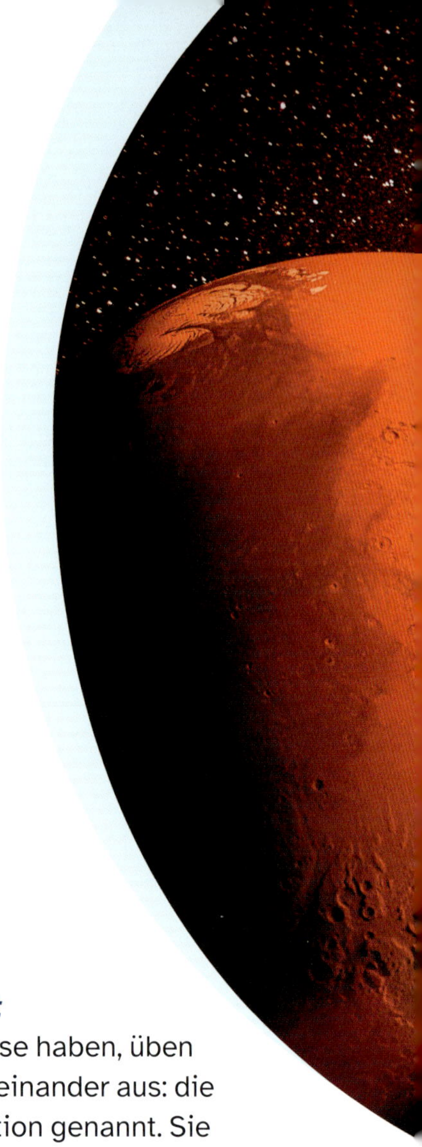

Im Sonnensystem tummeln sich jede Menge Himmelskörper. Hast du dich schon mal gefragt, wie es wäre, einen davon zu besuchen? Dann nimm auf jeden Fall eine Waage mit …

Sterne sind riesige heiße Gaskugeln, die in ihrem Inneren Energie erzeugen.

Planeten sind annähernd kugelförmige Objekte, die um unsere Sonne oder um andere Sterne kreisen.

Viele Planeten werden von **Monden** umkreist. Große Monde sind kugelförmig, kleinere sind unregelmäßig geformt.

Zwergplaneten sind kugelförmige Leichtgewichte und tummeln sich oft zusammen mit Asteroiden und Meteoroiden.

Kometen sind gefrorene Gasbrocken. Kommen sie in die Nähe der Sonne, bildet sich ein heller Schweif.

Asteroiden sind Gesteins- oder Metallbrocken. Sie sind meist zwischen 10 Metern und wenigen hundert Kilometern groß.

Meteoroiden, auch Meteoriden genannt, sind Brocken, die kleiner als 10 Meter sind. Es gibt unzählige von ihnen im Sonnensystem.

Wenn Meteoroiden in der Erdatmosphäre – der Gasschicht, die die Erde umgibt – verglühen, heißt diese Leuchtspur **Meteor**. Manchmal kannst du sie am Himmel sehen.

Größere Brocken verglühen nicht ganz und fallen zu Boden – das sind dann **Meteoriten**.

Was dich am Boden hält

Alle Objekte, die eine Masse haben, üben eine anziehende Kraft aufeinander aus: die Schwerkraft, auch Gravitation genannt. Sie zieht alles zum Mittelpunkt eines Objekts hin. Die Schwerkraft der Erde sorgt dafür, dass du nicht wegfliegst. Je mehr Masse ein Objekt hat, umso stärker ist seine Schwerkraft. Auf einem kleinen Asteroiden ist sie so gering, dass du mit einem Sprung ins All davonfliegen würdest. Und was haben Masse und Schwerkraft jetzt mit einer Waage zu tun?

Auf dem Mars ist alles leichter

Wie viel etwas wiegt, hängt von der Masse des Objekts und der Schwerkraft des Planeten ab, auf dem es sich befindet. Auch wenn die Masse gleich bleibt, zeigt die Waage auf der Erde ein anderes Gewicht an als auf dem Mars: Der Mars hat eine geringere Schwerkraft als die Erde. Sie ist nur ein Drittel so groß. Wenn du auf der Erde also zum Beispiel 30 Kilogramm wiegst, würde die Waage auf dem Mars nur zehn Kilogramm anzeigen.

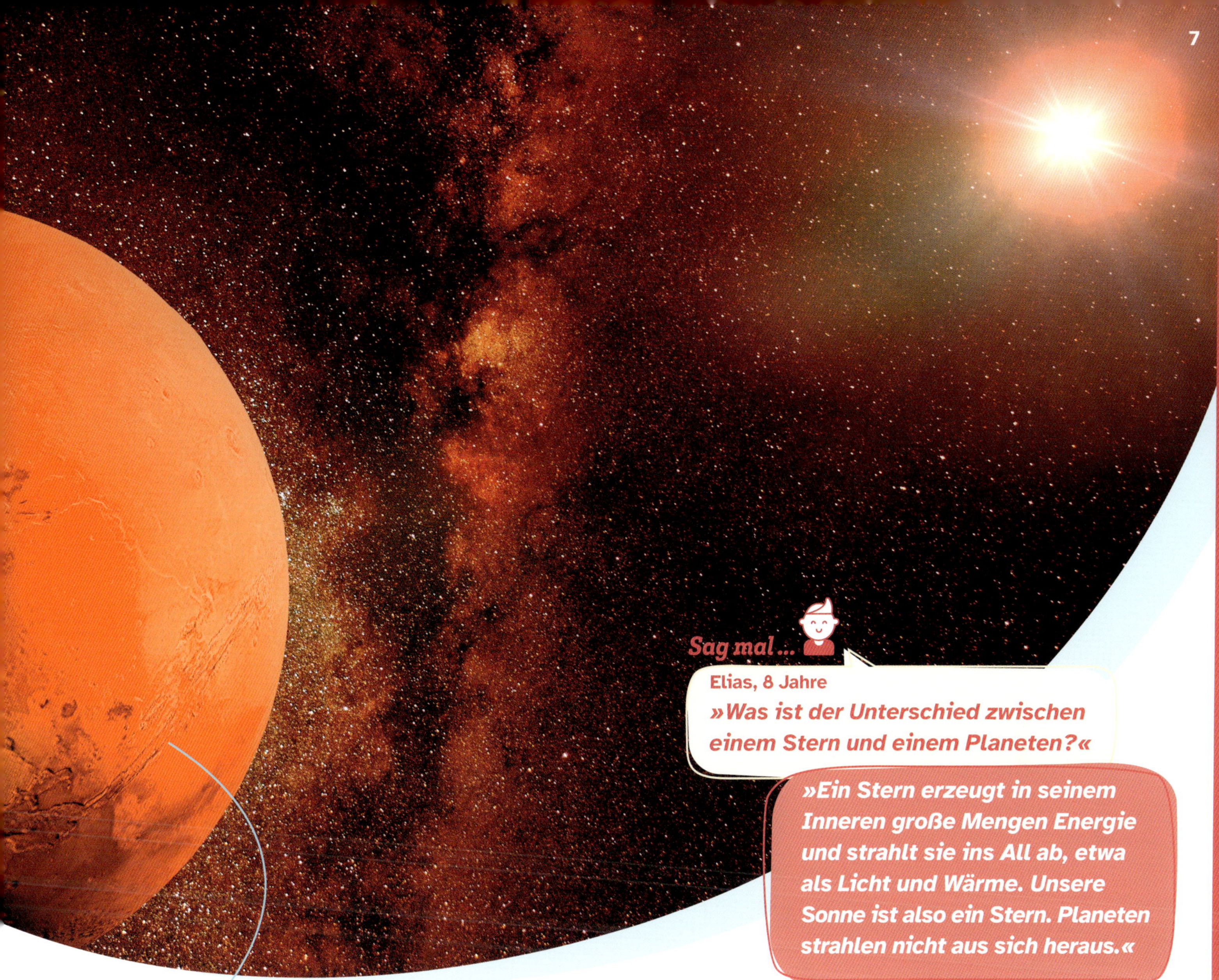

Sag mal ...

Elias, 8 Jahre

»Was ist der Unterschied zwischen einem Stern und einem Planeten?«

»Ein Stern erzeugt in seinem Inneren große Mengen Energie und strahlt sie ins All ab, etwa als Licht und Wärme. Unsere Sonne ist also ein Stern. Planeten strahlen nicht aus sich heraus.«

ANGESTRAHLT
Planeten wie hier der Mars werden von der Sonne angestrahlt. Einen Teil dieses Lichts reflektieren sie, sodass wir Planeten sehen können, obwohl sie selbst kein Licht ausstrahlen.

WANN IST EIN HIMMELSKÖRPER EIN PLANET?
Er muss drei Bedingungen erfüllen:

1. Umlaufbahn
Er muss seinen Stern auf einer geschlossenen Bahn umlaufen. Das ist meist eine Ellipse, ein mehr oder weniger in die Länge gezogener Kreis.

2. Kugelrund
Er muss so viel Masse haben, dass sie sich aufgrund der eigenen Schwerkraft zu einer Kugel formen konnte.

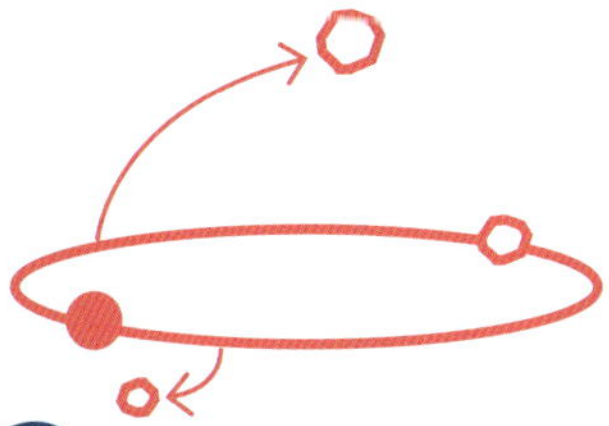

3. Freie Bahn
Er muss seine Bahn weitgehend sauber halten, indem er Kleinkram wie Asteroiden und Meteoroiden aus dem Weg räumt. Seine Schwerkraft ist groß genug, dass er diese Brocken anzieht oder sie wie ein Schneepflug auf eine andere Bahn schubst.

Wir im Universum

Das Universum ist unvorstellbar groß! Du willst wissen, wo sich unsere Erde befindet?

UNSERE NÄCHSTE UMGEBUNG

Unsere Sonne ist nur einer von mehr als 100 Milliarden Sternen, die die Milchstraßen-Galaxie bilden. In wolkenlosen Nächten kannst du die Milchstraße als helles Band am Himmel sehen. Unser Sonnensystem befindet sich in einem Seitenarm der Milchstraßen-Galaxie, dem Orion-Arm. Und die ganze Milchstraße wiederum ist Teil eines kleineren Galaxienhaufens, der Lokalen Gruppe.

Auf dem Bild siehst du eine Galaxie, die der Milchstraßen-Galaxie ähnlich sieht. Ein Außenfoto von unserer Galaxie gibt es nämlich nicht und wird es vermutlich nie geben. So weit ist noch keine Raumsonde, also ein unbemanntes Raumfahrzeug, gereist.

Unser Stern

Die Sonne

Die Sonne erzeugt in ihrem Inneren unvorstellbar viel Energie und strahlt sie in alle Richtungen ab. Ein kleiner Teil davon erreicht auch unsere Erde. Ohne das Licht und die Wärme der Sonne wäre kein Leben möglich.

ECHT GEFÄHRLICH!
Schaue niemals mit einem Fernglas und auch nicht mit dem bloßen Auge in die Sonne! Die Strahlung kann zur Erblindung führen.

Achtung, heiß!

Die Sonne besteht fast nur aus den Gasen Wasserstoff und Helium. An der Oberfläche sind sie fast 5 500 Grad Celsius heiß. Kannst du dir vorstellen, wie heiß das ist? Jedes Material, das wir von der Erde kennen, würde sofort schmelzen und sogar verdampfen. Bei solch hoher Temperatur gehen die Gase in einen besonderen Zustand über, der Plasma heißt. Die Sonne ist also eine riesige Plasmakugel. Oft wird sie auch nur als heiße Gaskugel bezeichnet.

Und noch heißer!

Im Zentrum der Sonne ist es sogar noch viel heißer! Dort herrschen 15 Millionen Grad Celsius und ein gewaltig hoher Druck. Unter diesen Bedingungen brechen die Atome auseinander. Die Bruchstücke – genauer: die Atomkerne – verschmelzen sogar miteinander. Bei dieser Kernfusion wird jedes Mal viel Energie in Form von Strahlung frei. Einen Teil davon siehst du als Licht und spürst sie als Wärme auf der Haut.

Sag mal …

Mia, 10 Jahre

»Was ist denn Sonnenwind?«

»Er besteht aus elektrisch geladenen Teilchen, also Bausteinen von Atomen, die die Sonne ständig abstrahlt. Bei Eruptionen ist der Sonnenwind besonders stark. Dann spricht man auch von einem Sonnensturm.«

Ganz viel los

Die Sonne scheint nicht immer gleich stark. Alle elf Jahre wechseln sich ruhigere Phasen mit aktiveren ab. Ist die Sonne aktiver, kommt es zu Eruptionen. Das sind gewaltige Ausbrüche, bei denen Gasmassen ins All geschleudert werden. Dann zeigen sich große Gruppen von Sonnenflecken. Die Sonnenoberfläche ist dort etwas kühler, und sie gibt weniger Licht ab. Bei besonders starken Sonneneruptionen werden Milliarden Tonnen Gas weggeschleudert. Geschieht das Richtung Erde, können Satelliten und Stromleitungen beschädigt oder gar zerstört werden.

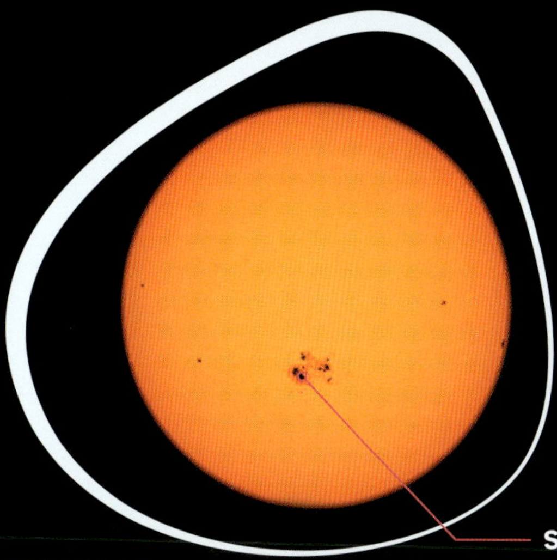

Sonnenflecken

Superflinker Merkur

→ ***Nicht anfassen!***
Tagsüber könntest du am Merkur-Äquator Blei schmelzen oder Pizza backen – so heiß wird es dort: 430 Grad Celsius!

→ ***Gestreckte Bahn***
Von allen Planeten hat Merkur die am stärksten in die Länge gezogene Umlaufbahn.

→ ***Merkur gucken***
Er ist immer nur für kurze Zeit ganz nah am Horizont zu sehen: entweder kurz nach Sonnenuntergang oder kurz vor Sonnenaufgang.

SO VIELE KRATER!
Der Merkur hat keine Atmosphäre, also keine Gashülle, die ihn umgibt. Ohne Atmosphäre gibt es kein Wetter und so auch keine Verwitterung von Gestein. Deshalb bleiben Einschlagkrater lange erhalten.

Huiii

Der Kleinste und Schnellste

Für einen Umlauf um die Sonne braucht Merkur nur 88 Tage. In einem Erdenjahr saust er gut viermal um die Sonne. Um seine eigene Achse rotiert Merkur aber nur sehr langsam – er braucht für eine Umdrehung 59 Tage.

MICKEY-MOUSE-KRATER
Mit der Zeit haben sich jüngere Krater auf bereits bestehende ältere Krater gesetzt. So kam dieses Bild heraus.

Heiß und kalt

Durch die Nähe zur Sonne wird es auf der Tagseite des Merkurs mehrere Hundert Grad Celsius heiß. Ohne wärmespeichernde Atmosphäre, also ohne eine dichte Gashülle, fällt die Temperatur auf der Nachtseite auf bis zu -180 Grad Celsius. Anstelle einer Atmosphäre umgibt den Planeten eine sogenannte Exosphäre. Das ist eine sehr dünne Gasschicht, die beim Merkur vor allem aus Sauerstoff, Wasserstoff, Helium, Natrium und Kalium besteht. Nein, das können wir nicht atmen!

Trotzdem Wasser

Du wirst erstaunt sein: Obwohl es so extrem heiß und kalt ist, gibt es trotzdem Wasser auf dem Merkur – aber kein flüssiges Wasser. In den tiefen Einschlagkratern in Polnähe, in die nie Sonnenlicht scheint, ist es so kalt, dass das Wasser darin gefroren ist. Dieses Eis stammt von Asteroiden und Kometen, die in der Nähe eingeschlagen sind.

DAS CALORIS-BECKEN
Es ist der größte bekannte Einschlagkrater im Sonnensystem. Darin hätte ganz Deutschland Platz.

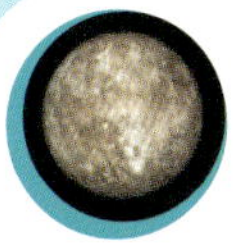

Merkur

Planetentyp	Gesteinsplanet
Durchmesser	4 879 km
Masse	0,055 Erdmassen
Drehung um sich selbst	59 Erdentage
Umlaufdauer um die Sonne	88 Erdentage
Abstand zur Sonne	46 – 70 Mio. km
Monde	0
Besonderheiten	Stark zerklüftete Oberfläche

Höllische Venus

Unser nächster Nachbar

Venus

Planetentyp	Gesteinsplanet
Durchmesser	12 104 km
Masse	0,82 Erdmassen
Drehung um sich selbst	243 Erdentage
Umlaufdauer um die Sonne	225 Erdentage
Abstand zur Sonne	108 – 109 Mio. km
Monde	0
Besonderheiten	Vulkanisch sehr aktiv

Von allen Planeten kommt die Venus bei ihrem Umlauf um die Sonne der Erde am nächsten. Da sie so hell ist, kannst du sie oft am Abend- oder Morgenhimmel sehen. In Größe und innerem Aufbau ähnelt sie der Erde, sodass Forschende sie lange als Erdzwilling sahen. Aber sie ist kein Urlaubsort.

Richtig heiß!

Obwohl die Venus weiter von der Sonne entfernt ist als Merkur, ist es auf ihr heißer – etwa 470 Grad Celsius. Sie ist in eine dichte Atmosphäre eingehüllt, die vor allem aus dem Treibhausgas Kohlendioxid besteht. Es sorgt dafür, dass die Wärme nicht ins All abstrahlt. So heizt sich die Venus auf.

Und es gibt noch mehr!

Hinzu kommen dicke Wolken aus ätzender Schwefelsäure, die von den zahlreichen Vulkanen ausgestoßen wurde. Und an der Oberfläche herrscht ein gewaltiger Druck. Er ist so hoch wie in 900 Metern Wassertiefe auf der Erde. Kein Taucher überlebt das, und sogar die meisten U-Boote werden in dieser Tiefe zerdrückt. Die unbemannten Raumsonden, die auf der Venus gelandet sind, haben deshalb nur wenige Stunden Daten senden können.

Immer heißer, immer heißer!

Durch Vulkanausbrüche gelangte viel Kohlendioxid in die Atmosphäre. Es wurde wärmer und wärmer, und das Wasser verdunstete immer mehr. Schließlich wurde es so heiß, dass alles Wasser verdampfte. Zurück blieb eine heiße trockene Wüstenlandschaft.

VULKAN MAAT MONS
Der höchste Vulkan auf der Venus ragt 5 Kilometer in die Höhe.

Sie macht ihr eigenes Ding

Wenn du von oben auf den Nordpol eines Planeten blicken könntest, würdest du sehen, dass er sich entgegen dem Uhrzeigersinn dreht. Fast alle Planeten des Sonnensystems drehen sich so. Doch die Venus dreht sich in entgegengesetzter Richtung um sich selbst, im Uhrzeigersinn. Bei einem gewaltigen Zusammenstoß mit einem anderen Himmelskörper wurde sie nämlich auf den Kopf gestellt.

PLANETENZWILLINGE

Wie die Erde besteht auch die Venus aus einem inneren und äußeren Kern, einem Mantel und einer festen Kruste. Beide Planeten sind auch chemisch ähnlich zusammengesetzt.

Heimat Erde

Unsere Erde ist ein besonderer Ort: Sie ist der einzige Planet, von dem wir sicher wissen, dass er Leben hervorgebracht hat.

PLANET DES LEBENS

Die Erde befindet sich in genau der richtigen Entfernung zur Sonne, der sogenannten habitablen Zone. Es ist nicht zu heiß und nicht zu kalt, und so konnte sich flüssiges Wasser in Form von Ozeanen, Seen und Flüssen an der Erdoberfläche sammeln. Vermutlich entstand das Leben in den Tiefen der Urozeane und breitete sich über den gesamten Planeten aus. Die Erde bietet uns alles, was wir zum Leben brauchen: die Energie der Sonne, Wasser, Luft und festen Boden unter den Füßen.

Die Erde

Bestens ausgestattet

GLÜCK GEHABT!
Die Erde hat alles, was es zum Leben braucht:

Wasser

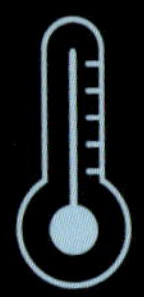

Wärme

Vulkanismus

Atmosphäre

Magnetfeld

Stell dir die Erde als Pfirsich vor: Die Pfirsichschale entspricht der Erdkruste, auf der du stehst. Im Gegensatz zum Pfirsich besteht die Erdkruste aber aus verschiedenen Einzelstücken, den Krustenplatten. Sie schwimmen wie Flöße auf dem äußeren Gesteinsmantel.

Tolle Vulkane

Wo zwei Krustenplatten aufeinandertreffen, falten sich Gebirge auf, es bilden sich Tiefseegräben und Vulkane brechen aus. Wahrscheinlich ist das Leben an vulkanischen Quellen in der Tiefsee entstanden. Böden aus Vulkanasche sind sehr fruchtbar, sodass darauf viele Nahrungspflanzen angebaut werden können. Wenn sich ineinander verhakte Platten lösen, kommt es zu Erdbeben. Über Jahrmillionen verändern sich so die Kontinente und Meeresströmungen. Dabei verlagern sich Klimazonen, an die sich das Leben stets neu anpassen muss.

Super Atmosphäre

Ganz wichtig für das Leben ist die Erdatmosphäre. Die Gashülle, die die Erde umgibt, besteht vor allem aus Stickstoff und Sauerstoff. Sauerstoff brauchen wir zum Atmen. Das Gas Ozon in der Atmosphäre verhindert, dass ein Teil der Sonnenstrahlung, die für Menschen, Tiere und Pflanzen gefährlich ist, auf die Erdoberfläche kommt. Außerdem schützt uns die Atmosphäre vor anderer schädlicher Strahlung aus dem All und vor kleineren Meteoriten.

Prima Magnetfeld

Im Inneren der Erde entsteht ein sogenanntes Magnetfeld, das die Erde wie eine Blase umgibt. Dieser Schutzschild lenkt gefährliche Teilchen, die von der Sonne kommen, um die Erde herum. Der Strom dieser Teilchen heißt Sonnenwind. Ohne das Erdmagnetfeld würde der Sonnenwind die Atmosphäre und das Wasser der Ozeane ins All hinausblasen.

Ein heißer Planet

Im Zentrum der Erde sitzt ein innerer fester metallischer Kern. Umgeben ist er von dem flüssigen äußeren Kern. Darüber liegen der innere und äußere Erdmantel, die aus einem zähflüssigen Gesteinsgemisch bestehen. Auf dem äußeren Mantel schwimmt die dünne feste Erdkruste. Diese Kruste, die Meere und die Atmosphäre bilden zusammen mit allen Lebewesen die sogenannte Biosphäre.

Erde

Planetentyp	Gesteinsplanet
Durchmesser	12724 km
Masse	1 Erdmasse
Drehung um sich selbst	23 Std. 56 Min.
Umlaufdauer um die Sonne	365,25 Erdentage
Abstand zur Sonne	147–152 Mio. km
Monde	1
Besonderheiten	Habitable Zone, flüssiges Wasser

HEIMATPLANET ERDE
Zwei Drittel der Oberfläche sind von Ozeanen bedeckt. Wasser gibt es flüssig, aber auch in Form von Eis und als Gas in der Atmosphäre.

Erdbegleiter Mond

Hier waren schon Menschen

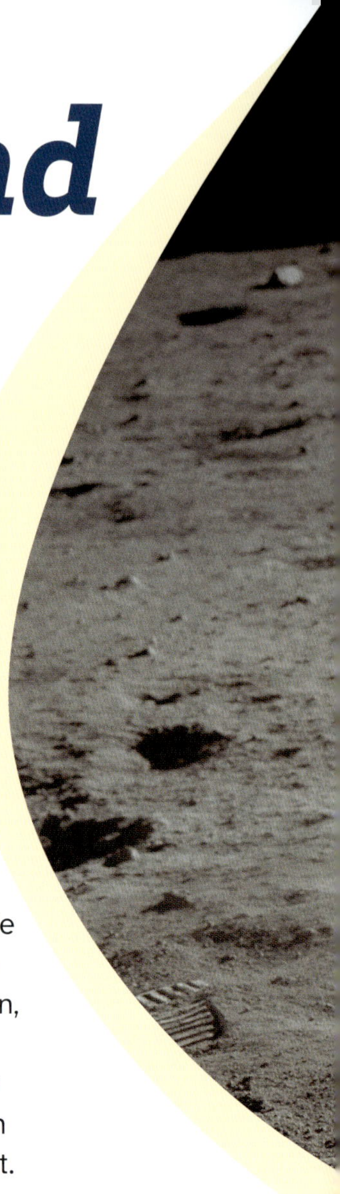

DIE ERSTE MONDLANDUNG
Apollo-11-Astronaut Buzz Aldrin läuft am 20. Juli 1969 über den Mond.

Rumms! Kurz nach der Entstehung der Erde krachte der Planet Theia in sie hinein. Aus den herausgeschleuderten Trümmern formte sich der Mond. Er ist der erste und einzige fremde Himmelskörper, den Menschen betreten haben.

Immer das gleiche Gesicht

Der Mond dreht sich bei seiner Erdumrundung um sich selbst. Für eine Umrundung braucht er genauso lange wie für eine Drehung. Wenn du den Mond beobachtest, siehst du deshalb immer dieselbe Seite. Die Mond-Vorderseite hat viele Krater und dunklere Flächen, die Maria. Das ist die Mehrzahl von Mare, Meer. Mittlerweile weiß man aber, dass Maria keine Meere sind, sondern abgekühlte und erstarrte Lavaflächen. Auf der Mond-Rückseite gibt es weniger dunkle Meere und sehr viel mehr Einschlagkrater.

Reise zum Mond

Der Mond ist rund 380 000 Kilometer von der Erde entfernt. Gäbe es eine gerade Straße zum Mond, wärst du mit dem Auto ein halbes Jahr unterwegs. Die Astronauten, die auf dem Mond gelandet sind, haben für ihre Reise drei Tage gebraucht. Bisher sind sechsmal Menschen im sogenannten Apollo-Programm auf dem Mond gelandet. Zurzeit wird wieder daran gearbeitet, Menschen auf den Mond zu schicken. In wenigen Jahren könnte die nächste bemannte Mission starten.

Du willst den Mond **beobachten?**

Mit einem Fernglas oder Fernrohr geht das am besten an seiner Schattengrenze. Das ist dort, wo die beleuchtete Mondhälfte in die unbeleuchtete übergeht. Durch die Schatten sind Krater und Gebirge noch besser zu erkennen. Bei Vollmond ist der Mond am langweiligsten.

ZWEITER MENSCH AUF DEM MOND
Hier siehst du Apollo-11-Astronaut Buzz Aldrin am 20. Juli 1969 vor der Mondlandefähre. Er war der zweite Mensch, der den Mond betreten hat. Der erste war Neil Armstrong.

MONDPHASEN
Je nachdem wie Sonne, Mond und Erde zueinanderstehen, sehen wir von der Erde aus unterschiedliche Mondphasen.

Neumond
Der Mond steht in der Nähe der Sonne, und die erdabgewandte Seite wird angestrahlt.

Sichelmond
Ein kleiner Teil der Vorderseite wird angestrahlt und zeigt sich uns als zunehmende Sichel.

Halbmond
Die Hälfte der Vorderseite ist nun sichtbar. Der Mond nimmt weiter zu.

Dreiviertelmond
Der größte Teil der Vorderseite strahlt im Licht der Sonne.

Vollmond
Die Vorderseite ist vollständig angestrahlt.

Super Fakten

❶ *Tschüss, Mond!*
Der Mond entfernt sich jährlich um rund **4 Zentimeter** von der Erde.

❷ *Die Kraft des Mondes*
Die Schwerkraft des Mondes sorgt auf der Erde für **Ebbe und Flut**.

❸ *Winzig klein und riesengroß*
Die **Einschlagkrater** auf dem Mond können wenige Millimeter bis 300 Kilometer groß sein.

❹ *Wasser auf dem Mond?*
Ja, das gibt es. Aber nur **in Form von Eis**. Forschende haben es in tiefen verschatteten Kratern in Polnähe entdeckt.

Im Gespräch mit ...

ERDE
Der Blaue Planet verdankt seinen Namen dem Wasser, von dem es auf der Erde jede Menge gibt.

MARS
Und der Rote Planet? Warum ist er eigentlich rot?

Auf ihren Bahnen um die Sonne kommen sich Mars und Erde alle zwei Jahre besonders nahe. Klar, dass sie dann miteinander quatschen. Wir haben gelauscht.

MARS: Hallo Nachbar! Wie geht's?

ERDE: Frag' nicht. Ich habe ja immer noch Menschen. Schon seit 300 000 Jahren.

MARS: In letzter Zeit schicken die mir Sonden. Bald wollen sie auch selbst auf mir landen. Kein Wunder! Ich bin ja auch so schön rot. Das liegt an meinem Eisenstaub.

ERDE: Du bist also verrostet?! Aber es gibt Schlimmeres. Menschen zum Beispiel. Die machen nur Ärger. Am besten, du machst es ihnen so richtig ungemütlich.

MARS: Darin bin ich Spezialist. Keine Meere, überhaupt kein fließendes Wasser, kalt ist es auch, und es gibt keine Luft zum Atmen. Ich hab' ja nicht mal ein Magnetfeld. Den Menschen würde es hier eh nicht gefallen.

ERDE: Neuerdings haben die aber so richtig dumme Ideen. Die wollen dich bewohnbar machen. Dafür wollen sie dir ein Magnetfeld verpassen und Ozeane und eine Atmosphäre. Alles künstlich! Das nennen sie Terraforming.

MARS: Und das soll gehen?

ERDE: Eher nicht. Ist ein Riesen-quatsch. Das kriegen die Menschen gar nicht hin.

MARS: Ich will so bleiben, wie ich bin! Aber jetzt muss ich mal weiter. Tschüss!

MARSMENSCHEN
Derzeit laufen bereits Vorbereitungen für bemannte Marsmissionen. Doch bevor Marssiedlungen errichtet werden können, sind noch viele Probleme zu lösen. Vor allem könnten Menschen nur in geschlossenen Behausungen leben. Nach draußen geht es in Raumanzügen.

Roter Mars

Unser zweitnächster Nachbar

Der vierte Planet im Sonnensystem, Mars, ist nach dem römischen Kriegsgott benannt. Sein roter Schimmer erinnerte die Menschen wohl an Blut. Aktuell werden bemannte Missionen zum Mars geplant. In wenigen Jahrzehnten schon könnten Astronautinnen und Astronauten erstmals einen fremden Planeten betreten.

Wasser auf dem Mars?

Vor rund vier Milliarden Jahren war es auf dem Mars wärmer und auch feuchter. So warm, dass zeitweise Gletschereis schmolz und sich Flüsse und Seen bildeten. In etwa zur gleichen Zeit hat sich auf der Erde erstes Leben gebildet – vielleicht ja auch auf dem Mars? Heute befindet sich kein flüssiges Wasser mehr an der Oberfläche. Es könnte allenfalls sehr salzhaltiges flüssiges Wasser im Boden geben. Zu Eis gefrorenes Wasser ist an den Polkappen und in tiefen Kratern entdeckt worden.

Mächtig was los

Auf dem Mars gibt es große Vulkane, gewundene trockengefallene Flusstäler, kilometertiefe Schluchten und tiefe Einschlagkrater. An der Oberfläche toben oft Sand- und Staubstürme. Manche dauern Wochen und hüllen den ganzen Planeten ein. Bis sich der Staub danach wieder gelegt hat, vergehen nicht selten Monate. Regen wie auf der Erde gibt es nicht. In größerer Höhe bilden sich aber Eiswolken aus gefrorenem Kohlendioxidgas.

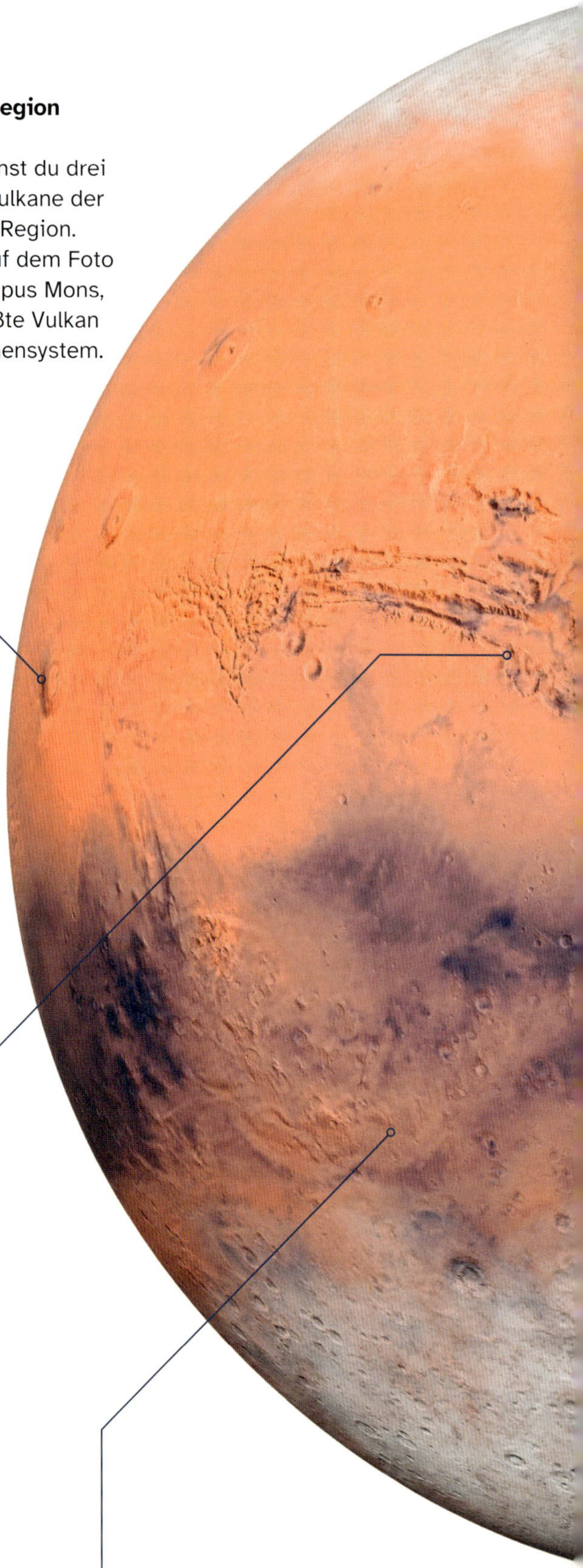

Vulkanregion Tharsis
Hier siehst du drei große Vulkane der Tharsis-Region. Nicht auf dem Foto ist Olympus Mons, der größte Vulkan im Sonnensystem.

Valles Marineris
Dieses System aus verzweigten Canyons ist durch ein Aufbrechen der Marskruste entstanden und nicht wie Canyons auf der Erde durch fließendes Wasser.

Südhalbkugel
Sie ist sehr viel zerklüfteter als die Nordhalbkugel und von zahlreichen Einschlagkratern vernarbt.

Tiefebenen
Die Nordhalbkugel hat eine glatte Oberfläche. Die wenigen Krater entstanden, als Lava aus dem Marsinneren trat. Vielleicht gab es hier auch mal einen Ozean.

Mars

Planetentyp	Gesteinsplanet
Durchmesser	6780 km
Masse	0,11 Erdmassen
Drehung um sich selbst	24 Std. 37 Min.
Umlaufdauer um die Sonne	687 Erdentage
Abstand zur Sonne	207-250 Mio. km
Monde	2
Besonderheiten	Verrostet, trocken und kalt

Vereiste Polgebiete
Das Eis der Polgebiete besteht zum größten Teil aus gefrorenem Wasser und Kohlendioxid und verändert sich mit den Jahreszeiten.

Der Mars hat zwei Monde

Phobos (Furcht) und Deimos (Schrecken). Beide Monde sind klein, und die Schwerkraft auf ihnen ist so gering, dass Astronautinnen und Astronauten achtgeben müssten, beim Hüpfen nicht aus Versehen für immer im All zu verschwinden.

Auf zum Mars

→ ***Jetzt unterwegs***
Aktuell sind zwei Rover auf dem Mars aktiv: die beiden amerikanischen Rover Perseverance (Beharrlichkeit) und Curiosity (Neugier).

→ ***Lebenswichtig***
Perseverance hat im Experiment gezeigt, wie aus dem Gas Kohlendioxid der Marsatmosphäre Sauerstoff für zukünftige Astronautinnen und Astronauten hergestellt werden kann.

→ ***Raketentreibstoff***
Aus der Luft auf dem Mars ließe sich außerdem Treibstoff für Raketen herstellen.

ROVER PERSEVERANCE
Der Mars-Rover der NASA, der Nationalen Luft- und Raumfahrtbehörde der USA, untersucht die Zusammensetzung des Bodens. Außerdem sucht er nach Wasser und Zeichen von Leben.

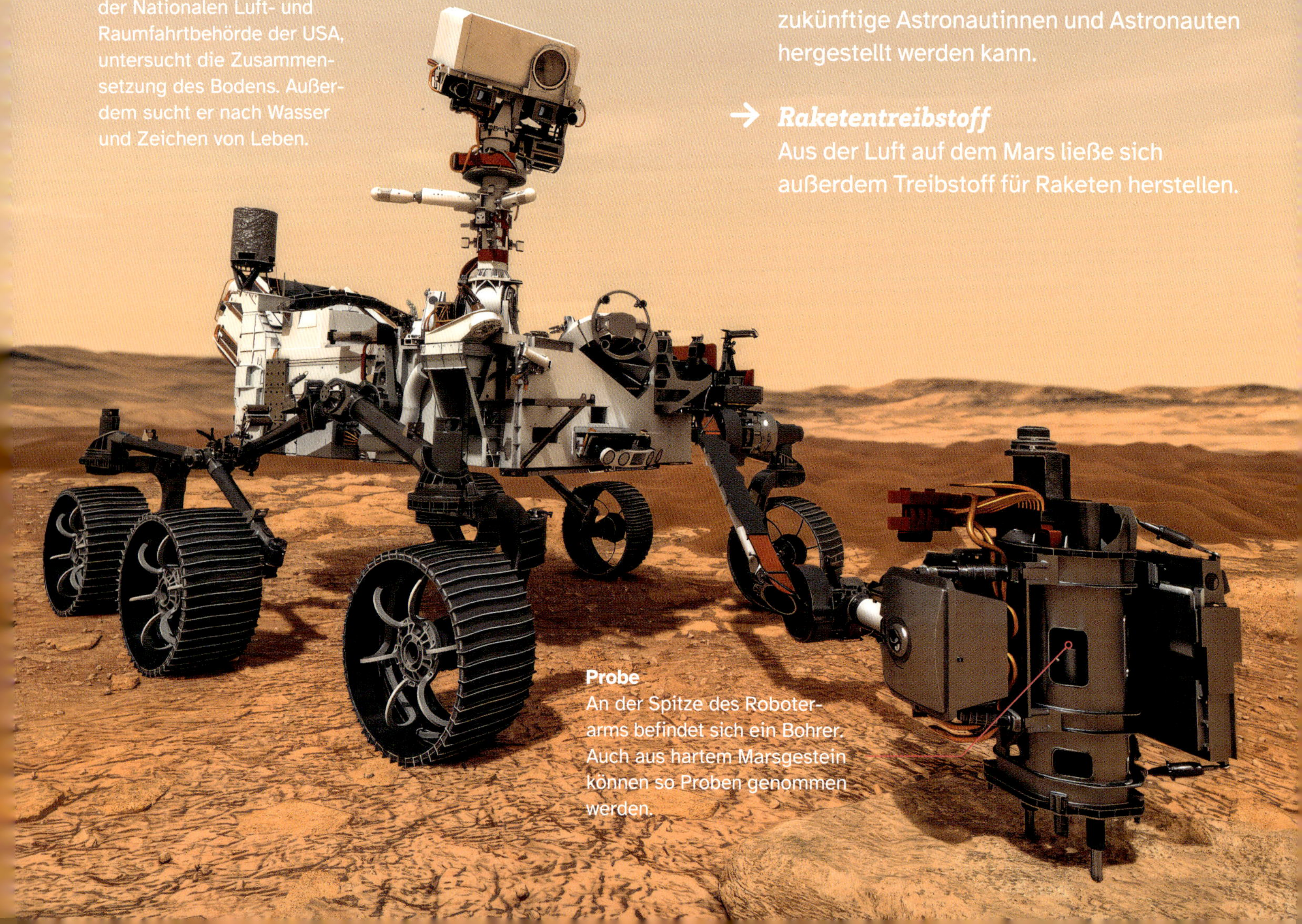

Probe
An der Spitze des Roboterarms befindet sich ein Bohrer. Auch aus hartem Marsgestein können so Proben genommen werden.

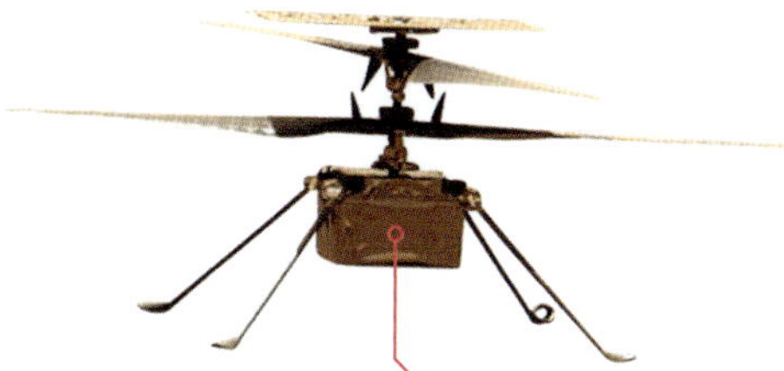

Verrate uns deine Geheimnisse!

Helikopter Ingenuity der NASA
Mit seinem Kameraauge sucht er die Umgebung um Perseverance ab.

Als Astronomen ihre Teleskope auf den Roten Planeten richteten, erkannten sie polare Eiskappen und seltsame Linien, die sich über den ganzen Mars zogen. Waren das von Marsbewohnern gebaute Kanäle?

Hinweis auf Marsmännchen?

Vor rund 60 Jahren fotografierten Sonden im Vorbeiflug erstmals die Marsoberfläche aus der Nähe. Danach erforschten sie Oberfläche, Atmosphäre und Wetter. 1976 setzten mit Viking 1 und 2 die ersten Landesonden auf und seit rund 30 Jahren kurven Rover auf dem Roten Planeten herum. Hinweise auf Marsbewohner haben allerdings weder die Sonden noch die Rover gefunden.

Aber könnte es doch Leben geben?

Die meisten Forschenden rechnen nicht damit – zu lebensfeindlich ist es dort. Aber das muss es nicht immer gewesen sein. »Vielleicht finden sich ja Spuren von Kleinstlebewesen, die einst den Mars besiedelt haben«, sagt Planeten-Geologin Dr. Daniela Tirsch. »Aber dazu muss man genauer hinsehen, als dies heute die Rover können. Wir brauchen Bodenproben, um sie in speziellen Labors untersuchen zu können.«

Möchtest du zum Mars reisen?

Allein die Reise dauert Monate, die gesamte Mission Jahre. Und würdest du gerne nur in Habitaten leben und arbeiten? Diese Wohnräume schützen dich vor gefährlicher Strahlung, Sonnenstürmen und Mikrometeoriten. Aber es könnte sich lohnen. Vielleicht entdeckst du Spuren von Leben.

Der nächste große Schritt

Ein Roboter wird die Bodenproben einsammeln, die Perseverance gut verpackt auf dem Marsboden abgelegt hat. Die Proben sollen mit einer Rakete zu einer Rückflugsonde geschossen werden, die um den Mars kreist. Diese würde die Proben dann zur Erde bringen.

ZUKUNFT AUF DEM MARS?
Astronautinnen und Astronauten könnten Bodenproben nehmen und sie in der Marsbasis untersuchen. Dort könnten sie auch Nahrungspflanzen züchten und Sauerstoff und Raketentreibstoff für den Rückflug zur Erde herstellen.

Im Gespräch mit ...

DR. DANIELA TIRSCH
Planeten-Geologin
Sie arbeitet am Institut für Planetenforschung des Deutschen Zentrums für Luft- und Raumfahrt (DLR) in Berlin.

WAS GENAU MACHST DU?

Seit 2003 saust die europäische Raumsonde Mars Express um den Roten Planeten und beobachtet seine Oberfläche und Atmosphäre. An Bord ist eine hochauflösende Kamera. Ich plane, was diese Kamera fotografiert. Und wie sie fotografiert. Anschließend werden die Bilder genau angeschaut.

WAS FOTOGRAFIERST DU AM LIEBSTEN?

Ganz besonders schön sind die schwarzen Sanddünen, die in vielen Kratern zu finden sind.

KÖNNTEN WIR DEN MARS ZU EINER ZWEITEN ERDE MACHEN?

Dazu müssten wir ihn aufwärmen. Die Polkappen würden schmelzen und es würde sich eine Atmosphäre bilden – so jedenfalls die Idee. Damit die Atmosphäre nicht vom Sonnenwind ins All geblasen wird, bräuchte der Mars ein künstliches Magnetfeld. Das ist aber unmöglich.

MÖCHTEST DU ZUM MARS FLIEGEN?

Dort ist es ziemlich ungemütlich: Es gibt gefährliche Strahlung und es ist bitterkalt. Aber für ein Jahr auf dem Mars zu forschen wäre schon spannend.

Schwarze Dünen

Danielas Lieblingskrater ist der Einschlagkrater Rabe. Er wurde nach dem deutschen Forscher Wilhelm Rabe benannt. Die Sanddünen in ihm sind bis zu 200 Meter hoch und bestehen aus vulkanischer Asche und zerkleinertem Lavagestein. Die feinen Teilchen rieseln aus den Hängen des Kraters heraus und werden vom Marswind zu Dünen aufgetürmt.

Weltraum erforschen

Im All und auf der Erde

Du willst mehr über das Sonnensystem herausfinden? Mit einem eigenen oder ausgeliehenen Fernrohr oder an einer Volkssternwarte ist das gar kein Problem. Und in einigen Jahren kannst du dein Hobby sogar zum Beruf machen!

Du hast einen Lieblingsplaneten?

Als Planeten-Geologin oder -Geologe kannst du ihn näher erforschen. Du siehst dir Bilder und Daten an, die Raumsonden von ihm schicken. Vielleicht untersuchst du Gesteine vom Mond oder Mars.

Du willst ins All?

Die europäische Weltraumagentur ESA sucht regelmäßig neue Astronautinnen und Astronauten. Von vielen Tausend Bewerberinnen und Bewerbern werden aber nur wenige ausgewählt. Bald geht's zum Mars. Vielleicht bist ja du dabei!

Du findest Sterne spannend?

Als Astrophysikerin oder Astrophysiker könntest du herausfinden, wie Sterne und ihre Planeten geboren werden, oder du spürst Exoplaneten auf. Dann führst du Beobachtungen an großen Teleskopen durch und arbeitest an der Entwicklung neuer Teleskope mit.

AHA

Tipps für Planetenbeobachtungen

Bei klarem Himmel sind manche Planeten bereits kurz nach Sonnenuntergang mit bloßem Auge zu erkennen. Wo genau sie am Nachthimmel zu sehen sind, verraten dir Smartphone-Apps.

AB IN DEN POOL
ESA-Astronaut Thomas Pesquet während des Tauchtrainings, bei dem er Außeneinsätze auf der Internationalen Raumstation übt. Durch das Wasser wird Schwerelosigkeit nachgeahmt.

3-2-1 LIFTOFF!
Als Raumfahrt-Ingenieur oder -Ingenieurin entwickelst du Raketen, Satelliten und Sonden. Hier siehst du den Start der Falcon 9-Rakete des Raumfahrtunternehmens Space X auf der Vandenberg Air Force Base in Kalifornien.

Du willst neue Raumfahrzeuge entwickeln?

Neugierig auf Außerirdische?
Als Astrobiologin oder Astrobiologe erforschst du, wo Leben im All möglich ist. Du könntest Bakterien auf anderen Planeten oder Monden finden. Studiere Biologie und Weltraumwissenschaften, forsche an Unis oder bei Weltraumagenturen.

Dich interessiert das große Ganze?
In der Kosmologie geht es um das Universum, dessen Anfänge und Zukunft. So viele Fragen sind noch offen. Hat das Universum ein Ende? Gibt es andere Universen? Als Kosmologin oder Kosmologe bist du diesen großen Fragen auf der Spur.

Du willst in der Raumfahrt arbeiten?
Du könntest zum Beispiel als Raumfahrt-Manager Astronautinnen und Techniker koordinieren. Wenn du dich für Rover interessierst, ist Missions-Spezialist der perfekte Beruf. Wenn du Physik, Mathe und Programmieren liebst, berechnest du als Raumflug Mechanikerin die Bahnen der Raumsonden. Und in der Raumfahrt gibt es noch mehr Berufe, zum Beispiel Informatikerin, Elektroniker, Messtechnikerin und viele mehr.

Du weißt immer das Neueste!
Als Wissenschafts-Journalistin oder -Journalist berichtest du in Büchern, Artikeln oder in Dokumentarfilmen über die neuesten Entdeckungen im Sonnensystem. Du kannst dein Wissen schon jetzt mit anderen teilen: Schreibe für die Schülerzeitung oder blogge zu Astro-Themen.

Asteroidengürtel

Zwischen Gesteins- und Gasplaneten

Zwischen dem Mars und dem Jupiter tummeln sich jede Menge Asteroiden. Im Fernrohr sehen sie wie Sterne aus, aber sie bewegen sich wie Planeten um die Sonne. Dieser Bereich heißt Asteroidengürtel oder Asteroidenhauptgürtel. Aber wie ist er entstanden?

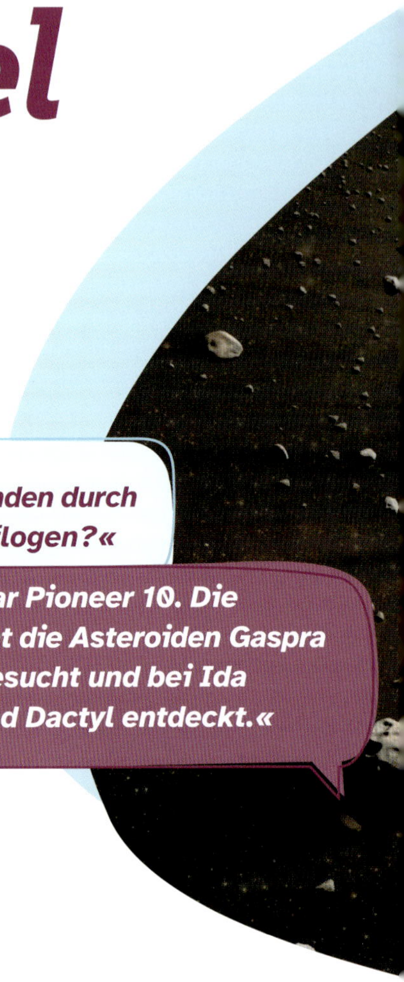

Sag mal …

Kiara, 9 Jahre

»Sind schon mal Raumsonden durch den Asteroidengürtel geflogen?«

»Ja, die erste war Pioneer 10. Die Sonde Galileo hat die Asteroiden Gaspra und Ida sogar besucht und bei Ida den kleinen Mond Dactyl entdeckt.«

Ein zerstörter Planet?

Nein, hier wurde kein Planet zertrümmert. Asteroiden sind vielmehr Überbleibsel aus der Frühzeit des Sonnensystems. Aus diesen Brocken hätte sich eigentlich ein größeres Objekt formen können. Doch der Jupiter hat das verhindert. Mit seiner enormen Schwerkraft zerrte er ständig an den Brocken, sodass sie sich nicht zu einem größeren Objekt zusammenfinden konnten.

Kleinteile

Der Asteroidengürtel enthält weniger als ein Tausendstel der Erdmasse. Viel zu wenig für einen ordentlichen Planeten. Stattdessen stießen die Asteroiden ständig zusammen und zerbrachen in immer kleinere Brocken. Nur 26 Asteroiden sind bekannt, die größer als 200 Kilometer sind. Sie sind alle unregelmäßig geformt und sehen ein bisschen aus wie Kartoffeln. Nur ein Objekt im Asteroidengürtel, der Zwergplanet Ceres, ist kugelförmig.

JUPITERS ASTEROIDEN
Einige Asteroiden laufen dem Jupiter voraus beziehungsweise hinterher. Sie werden Trojaner genannt.

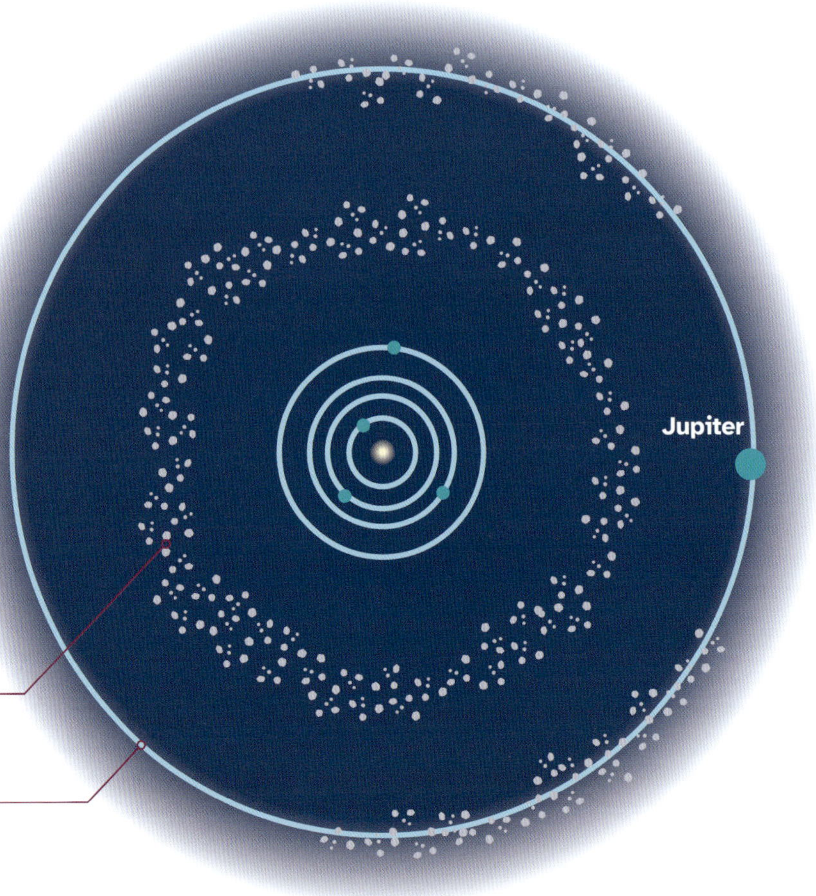

RIESIGE ENTFERNUNGEN
Asteroiden gibt es im ganzen Sonnensystem, viele jedoch im Asteroidengürtel. Der durchschnittliche Abstand zweier Asteroiden im Asteroidengürtel beträgt etwa eine Million Kilometer.

Ein besonderer Besucher

2017 wurde 1I/`Oumuamua entdeckt. Dieser Asteroid war extrem schnell und hatte eine ungewöhnliche Bahn: 1I/`Oumuamua kam von außerhalb des Sonnensystems, wohin er auch wieder verschwand. Das I in seinem Namen steht für interstellar, zwischen den Sternen. Er war etwa 400 Meter lang und das erste interstellare Objekt, das jemals beobachtet wurde.

Gefährliche Brocken

Manchmal werden Asteroiden aus dem Asteroidengürtel geschleudert – und kommen der Erde sehr nahe. Ein solcher Asteroid heißt Near Earth Object (NEO), erdnahes Objekt. Klar, dass die NEOs ganz genau beobachtet werden. Bei einem Einschlag auf der Erde gäbe es einen gewaltigen Rumms!

Riesiger Jupiter

Der Chef der Planeten

Jupiter ist der größte und massereichste Planet unseres Sonnensystems. Anders als die Gesteinsplaneten Merkur, Venus, Erde und Mars ist Jupiter ein Gasriese. In ihm hätten alle sieben anderen Planeten ausreichend Platz!

WOLKENBÄNDER
Sie werden durch extrem schnelle Winde erzeugt. Wo sie zusammentreffen, entstehen auch Wirbel.

Im Jupiter

Jupiter besteht zum Großteil aus Wasserstoff und Helium. Je tiefer man in den Jupiter eintaucht, umso mehr steigt der Druck durch die darüberliegenden Gasmassen. Es wird auch immer heißer. Der Druck wird so hoch, dass die Gase immer mehr zusammengepresst werden und sich schließlich verflüssigen. Im Zentrum des Jupiters befindet sich ein Gesteinskern. Er ist wahrscheinlich 50 000 Grad Celsius heiß. Das ist heißer als die Sonnenoberfläche!

Du willst den Jupiter besuchen?

Keine gute Idee! Du würdest durch die starke Strahlung sterben. Der Jupiter dreht sich schneller um sich selbst als andere Planeten. Er fängt die elektrisch geladenen Teilchen, die die Sonne ausstößt, ein und beschleunigt sie auf enorme Geschwindigkeiten. Der Jupiter ist also von einem gefährlichen Strahlungsgürtel umgeben. Besser nicht in die Nähe kommen!

Polarlichter des Jupiters

Auch auf dem Jupiter gibt es Polarlichter. Sie entstehen, wenn elektrisch geladene Teilchen von der Sonne in die oberen Gasschichten an den Polen eintreten.

DER GROSSE ROTE FLECK …
… ist ein Wirbelsturm. In den letzten Jahren ist er deutlich kleiner geworden. Ob er ganz verschwindet? Keiner weiß es.

Jupiter

Planetentyp	Gasplanet
Durchmesser	142 984 km
Masse	318 Erdmassen
Drehung um sich selbst	9 Std. 56 Min.
Umlaufdauer um die Sonne	11 Erdenjahre 315 Erdentage
Abstand zur Sonne	741–816 Mio. km
Monde	97
Besonderheiten	Massereichster Planet, tödliche Strahlungszone

Ziemlich unscheinbar

Jupiter hat, wie auch die anderen Gasriesen Saturn, Neptun und Uranus, ein Ringsystem. Schon klar, die Ringe des Saturn sind am schönsten und selbst mit kleinen Fernrohren sichtbar. Die schwachen Jupiterringe wurden allerdings erst 1979 von der Raumsonde Voyager 1 entdeckt. Auf dem Bild rechts siehst du eine Computerdarstellung vom Jupiter mit seinen Ringen.

Jupiter-Monde

Vier große und viele kleine

Jupiter hat mindestens 97 Monde. Die vier größten hat der Forscher Galileo Galilei vor über vier Jahrhunderten entdeckt. Auch du kannst die Galileischen Monde mit einem einfachen Fernglas beobachten.

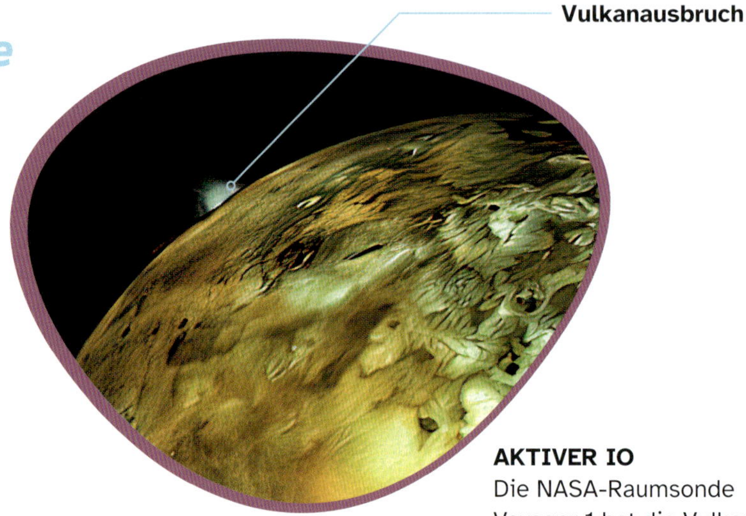

AKTIVER IO
Die NASA-Raumsonde Voyager 1 hat die Vulkanausbrüche fotografiert.

Gezeitenheizung

Der Mond Io ist so schnell, dass du innerhalb einer Nacht verfolgen kannst, wie er um den Jupiter kreist. Für eine komplette Umrundung des Jupiters braucht er nur eineinhalb Erdentage. Der Galileische Mond Kallisto braucht hingegen 17 Tage. Die vier großen Monde kommen sich bei ihren schnellen Umläufen immer wieder sehr nahe. Über ihre Schwerkraft wirken sie aufeinander ein. Diese Gezeitenkräfte durchkneten das Innere der Monde. Sie erwärmen sich, und Vulkane brechen aus.

Ganymed – größer als Merkur

Ganymed ist der größte Mond des ganzen Sonnensystems. Er hat eine sehr dünne Atmosphäre und als einziger Mond im Sonnensystem sogar ein eigenes Magnetfeld. Würde er nicht um Jupiter kreisen, sondern im inneren Teil des Sonnensystems, würde er als Planet gelten.

Kallisto – der verkraterte Mond

Die außergewöhnlich vielen Krater von Kallisto bedeuten, dass seine eisige Oberfläche sehr alt ist. Vermutlich ist sie die älteste aller Planeten und Monde im Sonnensystem. Die meisten Krater auf Kallisto sind sehr groß und nur schwer zu erkennen.

SO GROSS SIND DIE VIER GALILEISCHEN MONDE IM DURCHMESSER (Ø)

Ganymed
Ø 5300 km

Kallisto
Ø 4800 km

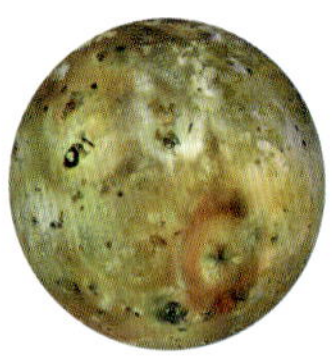

Io
Ø 3600 km

Europa
Ø 3100 km

Io – hier geht's rund!

Aufgrund seiner geringen Größe hat der Jupiter-Mond Io nur eine geringe Schwerkraft - deutlich geringer als die der Erde. Deshalb wird das Material bei einem Vulkanausbruch höher als auf der Erde ausgeworfen und auch weiter verteilt. Ios Oberfläche verändert sich so laufend. Ständig entstehen neue Lavaseen, Vulkankegel und Gebirge.

Europa – gibt's hier Leben?

Unter Europas Eiskruste liegt ein Ozean, an dessen Grund es heiße Quellen geben könnte - vielleicht auch einfaches Leben. Um das zu finden, müsste ein Kryobot - eine Sonde, die sich durch die Eiskruste schmelzen kann - einen Tauchroboter freisetzen, der nach diesen Quellen sucht.

MONDE GUCKEN!
So kannst du die großen Jupiter-Monde mit dem Fernglas sehen. Manchmal verstecken sich Monde vor der hellen Jupiterscheibe oder dahinter, dann siehst du nur zwei oder drei der vier Monde.

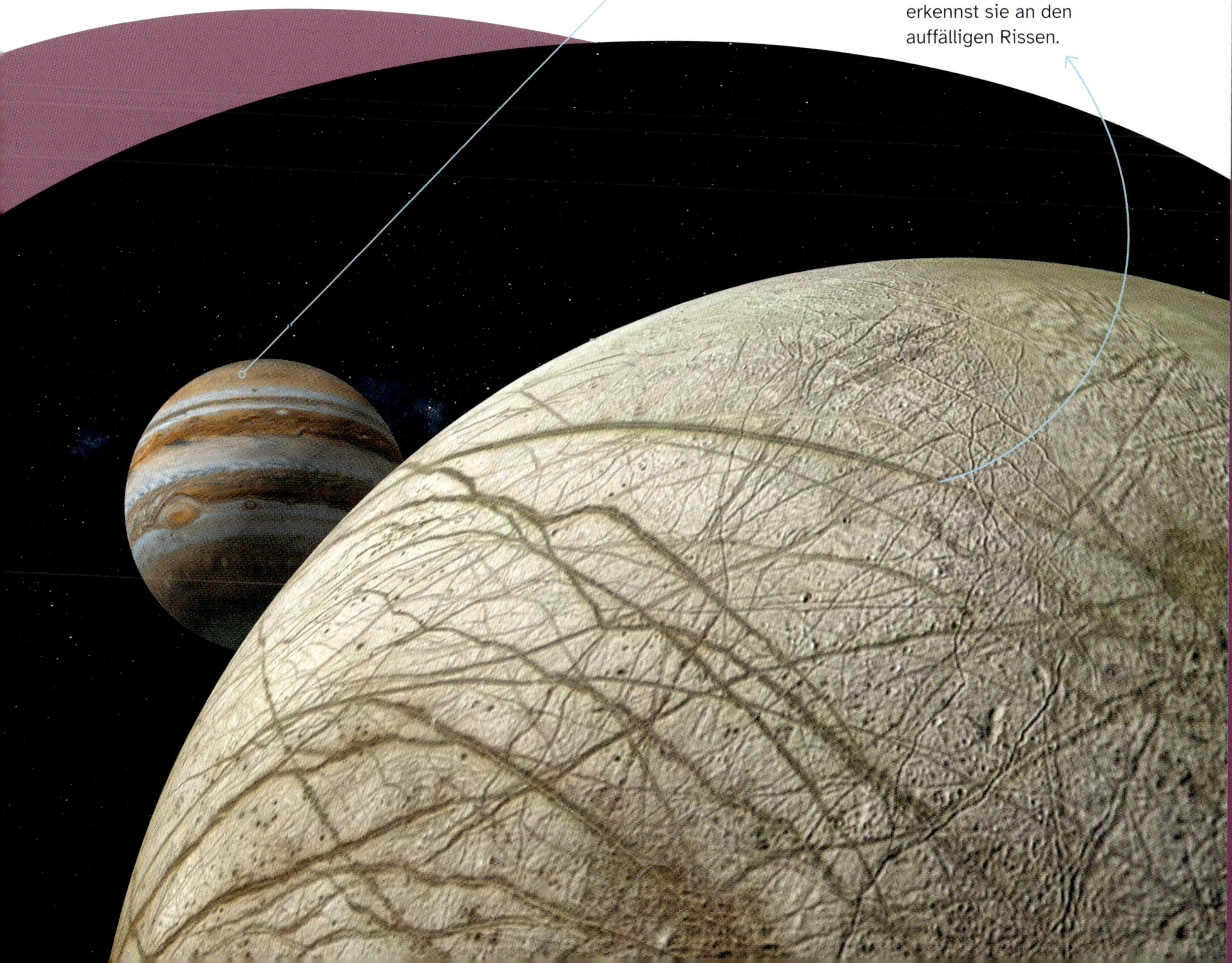

Ringplanet Saturn

ZARTE RINGE
Die Ringe sehen dicht aus und sind mit einem Fernrohr gut von der Erde aus zu erkennen. Sie sind aber nur 5–30 Meter dick.

→ ***ABC der Saturnringe***
Die Ringe wurden mit Buchstaben bezeichnet, die nach der Reihenfolge der Entdeckung vergeben wurden. Deshalb geht es etwas durcheinander. Die fünf hellsten Hauptringe gehen von A bis E.

→ ***Viele Monde***
Saturn hat mindestens 274 Monde. Der größte, Titan, ist der zweitgrößte Mond unseres Sonnensystems.

→ ***Ein Hinweis auf Leben?***
Die Raumsonde Cassini ist durch den Wasserdampf geflogen, den der Saturn-Mond Enceladus ausstößt. Dort hat sie organische Moleküle, die Grundstoffe des Lebens, gefunden.

Kalt und schön

Sag mal …

Lev, 9 Jahre
»Könnte ich mit einem Raumschiff durch die Saturnringe fliegen?«

»Ja, aber das ist keine gute Idee. Die Brocken sind dicht an dicht, und schon kleinste Objekte könnten großen Schaden an deinem Raumschiff anrichten.«

Saturn ist ein Gasriese und nach Jupiter der zweitgrößte Planet im Sonnensystem. Er besteht hauptsächlich aus Wasserstoff und Helium. Kein anderer Planet hat mehr Monde als der Saturn.

E-Ring

Hier ist es bitterkalt

So weit entfernt von der Sonne ist es eisig kalt. Deshalb konnten sich auch die wunderbaren Ringe des Saturn bilden. Sie bestehen aus vielen Wassereisbrocken und einigen Gesteinsbrocken. Ihre Größe reicht von sandkornklein bis haushoch. Das Ringsystem des Saturn setzt sich aus unterschiedlich großen Ringen zusammen. Insgesamt ist es mehr als 280 000 Kilometer breit – das entspricht dem siebenfachen Erdumfang. Du kannst das Ringsystem bereits mit einem kleinen Fernrohr erkennen.

Saturn

Planetentyp	Gasplanet
Durchmesser	113 968 km
Masse	95 Erdmassen
Drehung um sich selbst	10 Std. 39 Min.
Umlaufdauer um die Sonne	29 Erdenjahre 116 Erdentage
Abstand zur Sonne	1358–1507 Mio. km
Monde	274
Besonderheiten	Ringsystem, Planet mit den meisten Monden

Sieben Jahre Sommer

Saturns Rotationsachse – eine gedachte Linie zwischen Nord- und Südpol, um die er sich dreht – ist ähnlich geneigt wie die der Erde. Und so gibt es auch auf dem Saturn Jahreszeiten. Weil die Umlaufdauer des Saturn um die Sonne aber länger ist, dauert auch jede der vier Jahreszeiten länger, mehr als sieben Erdenjahre!

Uranus und Neptun

Die Eisriesen

Uranus und Neptun sind so weit von der Sonne entfernt, dass in ihren Atmosphären die Gase zum Teil gefrieren. Deshalb werden sie auch Eisriesen genannt. Beide haben jeweils ein Ringsystem und viele Monde.

Sag mal …

Matteo, 8 Jahre
»Warum sind Uranus und Neptun blau?«

»Das liegt an dem Gas Methan in der Atmosphäre der beiden Planeten. Methan filtert den roten Teil des Sonnenlichts heraus und reflektiert den blauen Anteil ins All.«

Uranus – der gekippte Planet

Seine Rotationsachse ist so stark geneigt, dass Uranus auf der Seite liegt. Wahrscheinlich kam es kurz nach seiner Entstehung zu einem Zusammenstoß mit einem anderen größeren Himmelskörper. Seitdem rollt Uranus auf seiner Bahn um die Sonne. Jede seiner vier Jahreszeiten dauert 21 Jahre. Bei guter Sicht kannst du Uranus als schwaches Pünktchen mit dem bloßen Auge sehen.

Uranus

Planetentyp	Gasplanet
Durchmesser	51120 km
Masse	14,5 Erdmassen
Drehung um sich selbst	17 Std. 14 Min.
Umlaufdauer um die Sonne	84 Erdenjahre
Abstand zur Sonne	2733–3001 Mio. km
Monde	29
Besonderheiten	Liegt auf der Seite, Ringsystem

WAS FÜR EIN STINKER!
In den hellen Wolkenbändern des Uranus ist Schwefelwasserstoff enthalten. Dieses giftige Gas riecht übel nach faulen Eiern.

RINGPLANET NEPTUN
Die hellen Bänder und Flecken sind Wolken, die aus dem gefrorenen Gas Methan bestehen.

Neptun

Planetentyp	Gasplanet
Durchmesser	49 528 km
Masse	17,1 Erdmassen
Drehung um sich selbst	16 Std. 7 Min.
Umlaufdauer um die Sonne	165 Erdenjahre
Abstand zur Sonne	4 471–4 558 Mio. km
Monde	16
Besonderheiten	Kältester Planet, Stürme, Ringsystem

Neptun – der stürmische Planet

Er ist der äußerste Planet in unserem Sonnensystem. Was wir vom Neptun sehen, ist eine sehr aktive und stürmische Oberfläche mit helleren Wolken und dunkleren Flecken. Auf keinem anderen Planeten gibt es derart heftige Stürme.

Super Fakten

❶ *Brrr – so kalt!*

Uranus hat die **kälteste Atmosphäre** aller Planeten. Sie ist bis zu –220 °C kalt.

❷ *Rasend schnell!*

Die Wolken in der oberen Neptunatmosphäre rasen **mit 2 000 km/h** um den Planeten. Im Sonnensystem gibt es keine Winde, die schneller sind.

❸ *Großer Dunkler Fleck*

Dieser gewaltige **Wirbelsturm** tobt auf dem Neptun und ist ungefähr so groß wie unsere Erde.

BITTE RECHT FREUNDLICH!
Diesen Schnappschuss machte die Raumsonde Voyager 2 im Vorbeiflug. Sie ist bislang die einzige Sonde, die Neptun besucht hat.

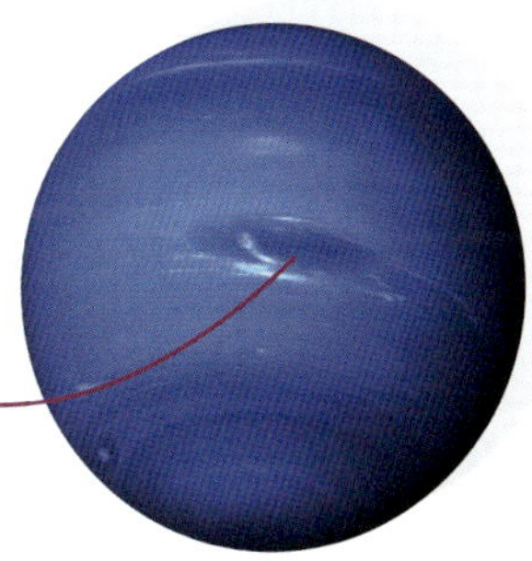

Weit draußen

Pluto, Kuiper-Gürtel und Oortsche Wolke

Seit seiner Entdeckung galt er lange als der neunte und äußerste Planet: Pluto. Allerdings war er immer schon etwas anders als andere Planeten: Seine Umlaufbahn ist stark gekippt und so elliptisch, dass sie zum Teil innerhalb der Neptunbahn liegt. Im Jahr 2005 wurde dann jenseits des Neptuns ein Objekt entdeckt, das Pluto ähnelt: Eris. War das nun ein zehnter Planet?

Zurückgestuft

Die Astronominnen und Astronomen entschieden sich anders: Sie stuften Pluto in eine neue Gruppe ein. Von nun an waren Pluto und Eris Zwergplaneten. Zwergplaneten erfüllen zwar zwei »Planeten-Bedingungen«: Sie sind kugelrund und laufen auf einer Ellipse um die Sonne. Aber Zwergplaneten sind kleiner und haben weniger Masse als echte Planeten. So wenig, dass sie ihre eigene Bahn nicht von Gesteinsbrocken freiräumen können. Bald wurden weitere Zwergplaneten gefunden.

Eislandschaften

Plutos Oberfläche besteht aus Bergen, Tälern und Ebenen. Besonders sticht die Tiefebene Sputnik Planitia ins Auge. Sie entstand wohl, als ein größerer Asteroid einschlug. Obwohl Pluto eiskalt ist, ist er vulkanisch aktiv. Allerdings spuckt er keine heiße Lava, sondern Eis.

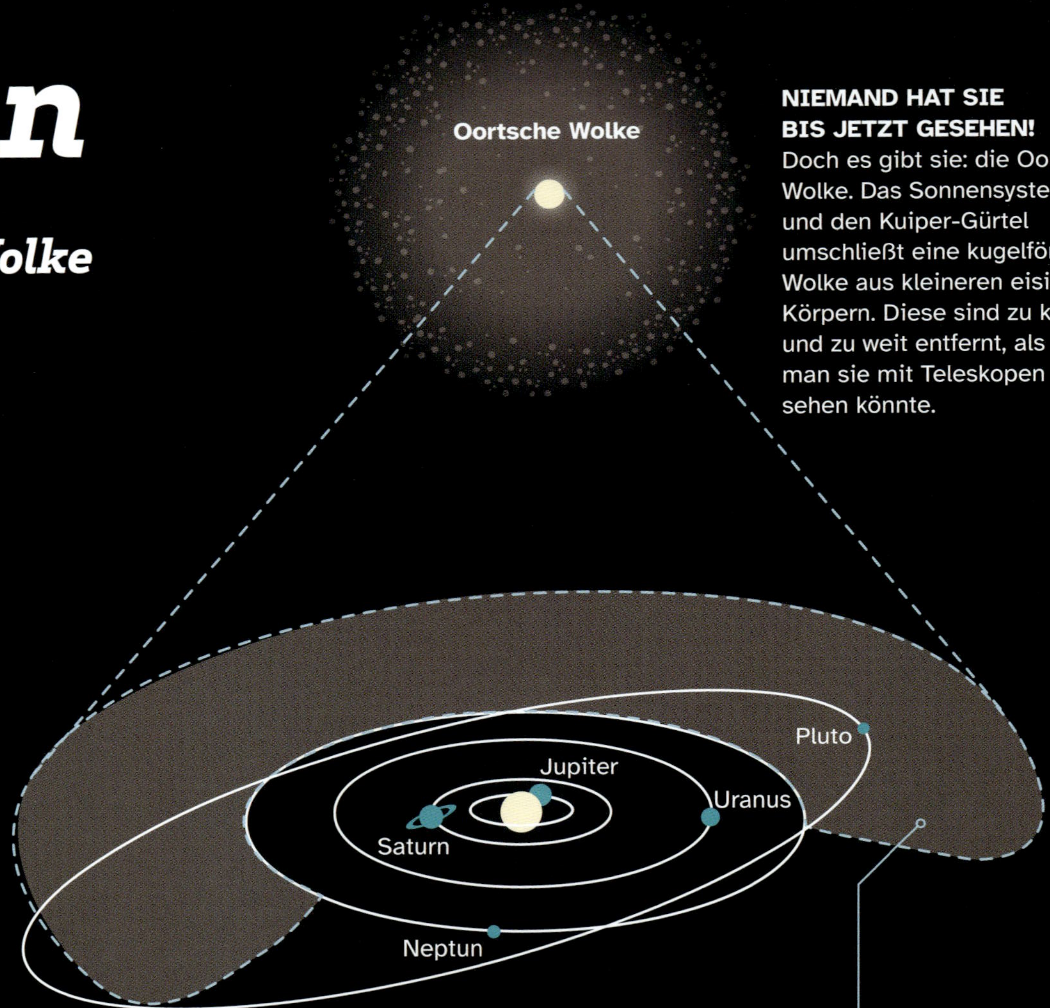

NIEMAND HAT SIE BIS JETZT GESEHEN!
Doch es gibt sie: die Oortsche Wolke. Das Sonnensystem und den Kuiper-Gürtel umschließt eine kugelförmige Wolke aus kleineren eisigen Körpern. Diese sind zu klein und zu weit entfernt, als dass man sie mit Teleskopen sehen könnte.

Kuiper-Gürtel
Abstand Kuiper-Gürtel – Sonne: 4,5 Milliarden Kilometer

Durchmesser Kuiper-Gürtel: 8,6 Milliarden Kilometer

Kuiper-Gürtel und Oortsche Wolke

Pluto ist Teil des Kuiper-Gürtels. Das ist eine ringförmige, relativ flache Scheibe, die aus Zwergplaneten und unzähligen Eisbrocken besteht. Noch weiter draußen befindet sich die kugelförmige Oortsche Wolke, die das Sonnensystem und den Kuiper-Gürtel umschließt. Sie besteht aus kleinen eisigen Brocken, die typischerweise einige Kilometer groß sind. Manchmal werden Eisbrocken aus dem Kuiper-Gürtel und der Oortschen Wolke Richtung Sonne gestoßen und werden so zu Kometen.

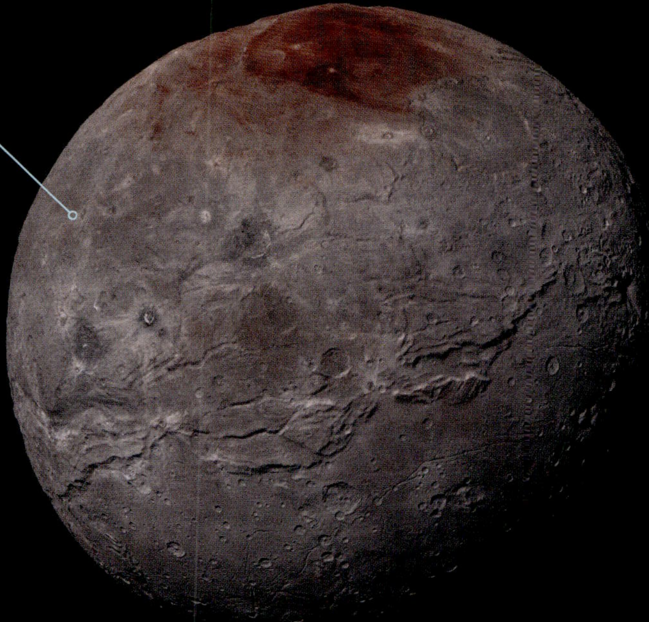

Charon

PLUTO UND SEIN MOND CHARON
Pluto ist das größte Objekt im Kuiper-Gürtel. Auf dem größten Pluto-Mond, Charon, gibt es Berge, Gräben, Ebenen und ein sehr langes System aus tiefen Schluchten.

Tiefebene Sputnik Planitia

Und ab geht die Sonde!

Alle Planeten des Sonnensystems haben schon Besuch von Raumsonden bekommen. Hier einige besonders spannende Missionen:

1977

Voyager 1 und 2

Die baugleichen NASA-Sonden starteten, um die vier äußeren Planeten Jupiter, Saturn, Uranus und Neptun zu erforschen. Mittlerweile haben sie das Sonnensystem verlassen und den interstellaren Raum erreicht.

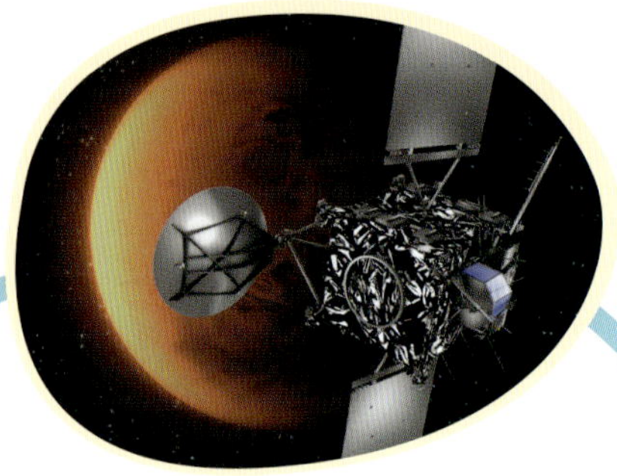

2014

ESA-Sonde Rosetta

Sie erreichte den Kometen Tschurjumow-Gerassimenko, Spitzname Tschuri. Auf ihm setzte sie die Landesonde Philae ab.

2004

Cassini-Huygens-Mission

Der NASA-Orbiter Cassini umkreiste den Saturn und sendete Daten. Er setzte die Landesonde Huygens der ESA aus, die auf dem Saturn-Mond Titan landete.

2019

New Horizons

Nachdem die NASA-Sonde im Vorbeiflug Pluto und seine Monde untersucht hatte, ging es weiter zum Kuiper-Gürtel-Objekt Arrokoth, der am weitesten entfernte Asteroid, der bisher von einer Raumsonde besucht wurde.

2023

JUICE

Die ESA-Sonde startete, um die Jupiter-Monde Europa, Ganymed und Kallisto unter die Lupe zu nehmen und zu klären, ob dort Leben möglich ist.

Mir entgeht (fast) nichts

→ *Perfekter Standort*
Das Sonnensystem wird mit Weltraumteleskopen und Großteleskopen auf dem Boden beobachtet. Großteleskope stehen meist hoch auf Bergen, wo die Luft klar und dünn ist.

→ *Sehr groß!*
Das Very Large Telescope – auf Deutsch: Sehr großes Teleskop – der Europäischen Südsternwarte (ESO) steht in der trockenen, hochgelegenen Atacama-Wüste.

→ *Es geht noch größer!*
Ebenfalls in der Atacama-Wüste baut die ESO das Extremely Large Telescope – auf Deutsch: Extrem großes Teleskop. 2039 sollen die ersten Testbeobachtungen durchgeführt werden.

WAS FÜR EIN AUGE!
Das Extremely Large Telescope (Atacama-Wüste, Chile) soll unter anderem Vulkanausbrüche auf Himmelskörpern des Sonnensystems beobachten. Was du hier siehst, ist eine Computersimulation.

Extrasolare Planeten

Die Sonne ist nicht der einzige Stern mit Planeten. Einige dieser Exoplaneten, die um andere Sterne kreisen, sind erdähnlich.

LEBEN IM ALL?
Auch der uns nächste Stern, Proxima Centauri, ist von Planeten umgeben. Einer dieser Planeten ist erdähnlich: Proxima Centauri b. Er umkreist den Stern in der habitablen Zone. Auf ihm könnte es also flüssiges Wasser und sogar Leben geben. Vielleicht ist Proxima Centauri b ja ein grüner Planet mit Ozeanen und Seen.

Wer hat dieses Buch geschrieben?

»Und es gibt noch viele ungeklärte Fragen und jede Menge Dinge zu entdecken!«

UNSER AUTOR
Aktuell verfolgt er die Erforschung des Sonnensystems mit Raumsonden, so auch die Erkundung des Roten Planeten mit dem Mars-Rover Perseverance.

Im Gespräch mit ...

Dr. Manfred Baur, Naturwissenschaftler, Dokumentarfilmer und Autor
Er ist immer neugierig und liebt das Universum. Vor allem aber liebt er den Planeten Erde, seine Berge und Meere und das Leben darauf.

SEIT WANN INTERESSIERST DU DICH FÜR PLANETEN?

Seit der Schule. Ich hatte einen Chemielehrer, der auch einen Kurs für Astronomie, also der Wissenschaft der Himmelskörper, gegeben hat. Er hat mir ein Fernrohr geliehen. Damit habe ich Sonnenflecken und Planeten beobachtet: den Jupiter mit seinen Wolkenbändern und Monden, die Polkappen des Mars und seine Sandstürme und die Phasen der Venus.

UND WAS GEFÄLLT DIR BESONDERS AN DER ASTRONOMIE?

Das WOW-Erlebnis, wenn man in einer sternenklaren Nacht in die Tiefen des Alls blickt. Die meisten Sterne haben Planeten. Und wer weiß: Vielleicht stehen da auch Wesen und schauen in diesem Moment in meine Richtung und stellen sich die gleiche Frage: »Gibt es Leben da draußen, das zu uns blickt?«

WARUM IST ASTRONOMIE SO WICHTIG FÜR UNS MENSCHEN?

Mit den Himmelsbeobachtungen begann die Entwicklung der Naturwissenschaften. Jetzt begreifen wir, wie ein kleiner Teil des Universums funktioniert. Aber vieles wissen wir noch nicht.

Bildquellennachweis:
ESA: 28-29 (CC BY-SA 3.0 / ESA/DLR/FU Berlin); Furch, Julia: 48ur; Getty: 18-19u (brightstars); Image Professionals GmbH (spl): 5 (Mark Garlick); NASA: Inh.-Verz.om (Helikopter: PD / NASA/ESA/JPL-Caltech), 3mr (Neptun: PD / NASA/JPL), 13or (PD / NASA/Johns Hopkins University Applied Physics Laboratory/Carnegie Institution of Washington), 13ul (PD / NASA/Johns Hopkins University Applied Physics Laboratory/Carnegie Institution of Washington), 33o (PD / NASA/JPL-Caltech), 34ur (PD / NASA, ESA, and J. Nichols (University of Leicester)), 36or (PD / NASA/JPL); picture alliance: 13ur (Knut Niehus), 14or (Markus Gann/Shotshop), 15u (dpa | Fotoreport Nasa), 20ur (PictureLux / The Hollywood Ar / NASA / Legacy Collection), 21ol (PictureLux / NASA / The Hollywood Ar / Legacy Collection), 26 (NASA/ZUMA Wire/ZUMAPRESS.com), 27or (NASA/JPL-Caltech/ZUMA Wire/ZUMAPRESS.com), 30mr (dpa / Nasa-Bill Stafford), 31r (SpaceX / UPI Photo via Newscom picture alliance), 37or (Klaus Rose), 39mr (NASA / ZUMA Wire / ZUMAPRESS.com), 40mr (M.Gann / McPHOTO/ blickwinkel), 40ul (Knut Niehus), 41or (Knut Niehus), 41m (ZUMAPRESS.com | NASA), 41ur (ZUMAPRESS.com | NASA), 44ml (ZB | ESA/DLR), 44ul (World History Archive), 44um (ASSOCIATED PRESS/ESA/ATG Medialab via AP), 45 (L. Calçada/European Southern Observatory/dpa); Shutterstock: Inh.-Verz.om (Marslandschaft: Dotted Yeti), Inh.-Verz.r (muratart), 2-3 (Naeblys), 3m (Saturn: MarcelClemens), 3mr (Uranus: bluecrayola), 4ul (Pilutaq Jan Olsen), 7o (Dotted Yeti), 10-11u (This Lama), 12 (buradaki), 15or (AlexLMX), 16-17 (muratart), 19or (AlexLMX), 19m (Haris Ashfaq), 21r (Kate Bartnik), 22ol (Dima Zel), 22-23m (Alones), 23ur (Gorodenkoff), 24-25m (Dotted Yeti), 27ul (Marslandschaft: Dotted Yeti), 34-35om (buradaki), 35or (Artsiom P), 35mr (ManuMata), 35ur (ManuMata), 36u (janez volmajer), 37u (SN VFX), 38 (buradaki), 39ur (Artsiom P), 42-43 (Claudio Caridi), 44or (Claudio Caridi), 44mr (3000ad), 46-47 (Dotted Yeti), 48Hg. (Shaiith); Wendland, Thomas: 28ol; Wikipedia: 8-9 (CC BY 3.0 / ESO), 11or (PD / NASA Goddard Space Flight Center), 25or (CC BY-SA 3.0 IGO / ESA & MPS for OSIRIS Team MPS/UPD/LAM/IAA/RSSD/INTA/UPM/DASP/IDA)

Vorsatz: Shutterstock: (cones)

Umschlagfotos: AdobeStock: U1 (Sergii); Shutterstock: U4 (Dotted Yeti)

© 2024 TESSLOFF VERLAG
Burgschmietstraße 2–4
90419 Nürnberg
qualitaet@tessloff.com
www.tessloff.com
Alle Rechte vorbehalten.

Die Verbreitung dieses Buches oder von Teilen daraus durch Film, Funk oder Fernsehen, der Nachdruck, die fotomechanische Wiedergabe sowie die Einspeicherung in elektronische Systeme sind nur mit Genehmigung des Tessloff Verlages gestattet. Die Nutzung dieses Werkes für Text- und Data-Mining nach §44b UrhG bleibt ausdrücklich vorbehalten.

Autor: Dr. Manfred Baur
Lektorat: Lisa Herden
Grafik: Ruth Koch
Bildredaktion: Tanja Wulf, Die Bildbeschaffer GmbH
Druck: Livonia Print

ISBN 978-3-7886-7707-7

MIX
Papier | Fördert gute Waldnutzung
FSC® C002795

Hab ich schon.

Brauch ich noch!